Harry Körner

Portugal no Contexto Europeu. Sociedade e Conhecimento

GRIN Verlag

Bibliografische Information der Deutschen Nationalbibliothek:

Die Deutsche Bibliothek verzeichnet diese Publikation in der Deutschen National-
bibliografie; detaillierte bibliografische Daten sind im Internet über http://dnb.d-
nb.de/ abrufbar.

Imprint:

Copyright © 2010 GRIN Verlag GmbH
Druck und Bindung: Books on Demand GmbH, Norderstedt Germany
ISBN: 978-3-656-49753-0

This book at GRIN:

http://www.grin.com/en/e-book/232785/portugal-no-contexto-europeu-sociedade-
e-conhecimento

FACULDADE DE LETRAS DA UNIVERSIDADE DO PORTO

MESTRADO EM SOCIOLOGIA

ANO LETIVO 2009/2010

1º ANO

RECENSÃO CRÍTICA

Portugal no Contexto Europeu, vol. II

SOCIEDADE E CONHECIMENTO

Capítulo 6

Profissionais qualificados e sociedade do conhecimento

Porto, Julho de 2010

Índice

1. Resumo

Neste trabalho temático será abordado um estudo empírico-estatístico recente sobre, em termos mais gerais, as mudanças e novas exigências do mercado de trabalho português provocadas principalmente pelos efeitos da mundialização ao longo das últimas décadas. Nisto ainda mais detalhadamente, baseado em análise multivariada, o percurso profissional segundo a formação da popluação ativa e particularmente das pessoas com formação universitária. Vai ser mostrado a quase não-linearidade entre estudos feitos e emprego obtido depois.

Palavras-chave: sociedade do conhecimento, novo padrão de competividade, análise de correspondências múltiplas, *cluster*, nível de habilitação, setor de atividade, profissão

2. Introdução

"Que relação tem a sociedade actual com o conhecimento? O lugar do conhecimento na sociedade contemporânea tornou-se, de maneira crescente, tema de reflexão pessoal e dabete social, alvo de estratégias de grupos e organizações, domínio de incidência de políticas públicas. As ciências socias tomaram-no também como objecto de estudo, tendo algumas delas vindo a dedicar-lhe cada vez mais atenção." (Costa et al., 2007: 1)

É acima esta pergunta geral que será abordada numa maneira bem detalhada num âmbito nacional como internacional ao longo da colectânea *Sociedade e Conhecimento* (2007) dos três organizadores portugueses António Firmino da Costa, Fernando Luís Machado e Patrícia Ávila. O livro é a segunda parte da trilogia *Portugal no Contexto Europeu*, organizada pelo Centro de Investigação e Estudos de Sociologia, do Instituto Superior de Ciências do Trabalho e da Empresa em Lisboa (CIES-ISCTE), que integra ainda os volumes I, *Instituições e Política*, e III, *Quotidiano e Qualidade de Vida*.

Nessa mesma colectânea, o meu objeto de estudo será o sexto capítulo, intitulado "Profissionais qualificados e sociedade do conhecimento" de Maria de Lurdes Rodrigues (professora do Departamento de Sociologia do ISCTE e investigadora do CIES-ISCTE), Luísa Oliveira (igualmente professora do Departamento de Sociologia do ISCTE e investigadora do CIES-ISCTE) e Helena Carvalho (professora do Departamento de Métodos Quantitativos do ISCTE e investigadora do CIES-ISCTE). Fizeram um estudo empírico-estatístico com foco especial na situação dos empregados portugueses com habilitação superior.

Começam, no entanto, com uma abordagem do que deve ser entendido no fenómeno chamado *sociedade do conhecimento* através da introdução e das seções *As exigências de formação avançada e o novo padrão de competividade* e *Da competividade pelo preço, à competividade pela inovação*, explicando as mudanças económico- e socio-estruturais que lideraram à génese da mesma e o que, depois já dentro dela, ficou cada vez mais importante para as pessoas, nomeadamente a população ativa. Adicionam, na seção *Evolução dos níveis de escolarização da população activa em Portugal*, informação empírica com referência a essas mudanças no setor formativo.

4

Em seguida, na seção *A segmentação no emprego*, tentam mostrar os traços mais marcantes da inserção setorial da população empregada portuguesa, primeiramente num ambiente largo de todas as pessoas nesse espaço. Em segundo lugar, depois de terem surgidos algumas questões quanto ao pessoal tendo obtido um ensino superior, fazem a mesma coisa com foco somente nas pessoas formadas universitariamente. Como na seção anterior, também em *Diplomados do ensino superior e sociedade do conhecimento* utilizam um meio da estatística descritiva, a análise de correspondências múltiplas[1] afim de ver se houver pólos de homogeneidade, chamados *clusters*, a partir dos quais seria possível tirar informação sobre uma "causalidade" entre estudos feitos e setores de atividade respetivamente emprego arranjado logo.

Finalmente – depois de ter dado um resumo da obra das autoras – eu planeo descrever e analisar o que as autoras observam e concluem ao longo do artigo delas, dando uma conclusão minha assim como um glossário onde eu pretendo explicar de uma forma clara e compreensível as definições feitas pelas três autoras nas duas análises estatísticas. As figuras e o quadro usados na parte analítica estarão disponíveis no final deste trabalho.

---

[1] Outrossim é conhecida sob o termo análise de homogeneidade (*HOMALS*).

5

3. Profissionais qualificados e sociedade do conhecimento

3.1. Uma nova competividade, da pelo preço à pela inovação

"A *sociedade do conhecimento* tem, como um dos seus pilares essenciais, a formação dos chamados recursos humanos avançados, leia-se graduados e pós-graduados do ensino superior, partindo do princípio que a sociedade, globalmente considerada, atingiu já níveis razoáveis de instrução." (Rodrigues et al., 2007: 103)

Assim começando a introdução, já dão a ideia principal do estudo delas, o enfoque nos formados superiores. Vêem num novo padrão de competividade, a atingir através de um aumento significativo de pessoas com habilitação universitária, nomeadamente no caso português, o caminho ideal afim de garantir a sustenção do modelo social europeu: "É neste quadro [...] que analisamos neste texto a evolução dos níveis de escolarização da população empregada [...] procurando identificar os traços mais marcantes da inserção sectorial destes profissionais e, portanto, do seu contributo para o desenvolvimento desses sectores." (Idem)

Na seção *As exigências de formação avançada e o novo padrão de competividade* é dado uma definição desse mesmo padrão na vista das autoras, recorrendo à explicação do que entendem pelo chamado padrão convencional. Como o novo padrão, o velho também é um ideal-tipo. Tipicamente aplicado depois da Segunda Guerra Mundial, designa as medidas tomadas afim de "[...] permitir a rentabilidade das empresas, a produção de riqueza e um modelo relativamente mais equilibrado que o precedente de distribuição social da riqueza." (2007: 104) Assim sendo, era necessário uma taxa larga de consumo na população, baseada numa acessibilidade geralmente fácil e barata que foi possibilitado por uma estandardização dos produtos e da maneira da produção dos mesmos (principalmente produção em massa). Como referem as autoras, dessa maneira o custo da produção e o ligado preço dos produtos constituíram a base da concorrência nos mercados e a política cambial entre os países: "[...] três décadas de expansão, pleno emprego, melhoria das condições de vida das populações, com o acesso generalizado à educação, a cuidados de saúde, assistência na doença e na velhice e em situações de desemprego." (Idem)

Mas o fundamento disso, o desenvolvimento da automatização tecnológica nos processos de produção em massa, liderou, segundo as autoras, a um esgotamento do sistema mesmo pois a redução dos custos produtivos teve por consequência

6

grandes vagas de demissões na mão-de-obra pouco qualificada que ao mesmo tempo restava numerosa. Esta sofisticação tecnológica, a crise do modelo convencional, significava o fim do velho contrato social.

No entanto gerava, do outro lado, novos produtos e, ao mesmo tempo, novos mercados onde estes últimos foram vendidos e com isto novas exigências internas e externas às empresas, como é referido. As internas são nomeadamente os processos de produção e organização, as externas sobretudo os níveis adequados dos empregados para estarem capazes de integrar-se neste novo sistema: o novo padrão de competividade a partir de "[...] um gigantesco processo de invenção social de necessidades que permitam a construção acelerada de novos produtos – tecnologicamente muito sofisticados – e de novos mercados." (2007: 105)[2]

A seção *Da competividade pelo preço, à competividade pela inovação* é sobre o aspecto competitivo outra vez, falando preponderantemente da translação do foco industrial ao das ciências, sobretudo as ciências exatas num sentido que essas últimas são responsáveis do desenvolvimento tecnológico em si, mas dando recursos novos também às outras áreas científicas respetivamente setores de atividade ou seja, geralmente permitem "[...] acréscimos de produtividade e transformações profundas nos modos de produzir." (2007: 106) Referem assim que as ciências constituem doravante um factor produtivo enquanto "trabalho intelectual" (idem) e que as competências respetivas nele são totalmente diferentes. Por fim comparam os ideais-tipo dos dois padrões quanto a factores relevantes no âmbito do artigo das três investigadoras.

Em *Evolução dos níveis de escolarização da população activa em Portugal* Rodrigues, Oliveira e Carvalho mostram sucessivamente a partir de três quadros relativos ao nível da escolaridade portuguesa que numa comparação com os países da OCDE, uma evolução geral do nível de escolarização de 1960 a 2000 e da população empregada num prazo de 1991 a 2001. O resumo comum é que mesmo relativamente aos outros países ainda em atraso, Portugal por si conhecia um aumento visível nos níveis de escolaridade, os pesos percentuais se deslocando dos níveis baixos aos elevados.

---

[2] Explicam as duas razões principais da importância do desenvolvimento tecnológico; primeiro "torna o processo de imitação mais difícil e, neste sentido, reforça a estratificação entre empresas, regiões e países" e segundo "permite [...] uma velocidade de obsolescência dos produtos e, portanto, de 'refrescamento' dos mercados, a um nível sem precedentes." (Idem)

3.2. A segmentação no emprego

"Como sabemos, os níveis de escolarização têm condicionado historicamente o acesso às fileiras profissionais, contribuindo desse modo para definir a segmentação do mercado de trabalho (Piore e Sabel, 1984), por um lado, e, por outro, para desenhar um certo perfil de estratificação social." (2007: 109)

Assim sendo, na parte igualmente chamada fez-se a primeira das duas análises de correspondências múltiplas com base nos censos de 2001.[3] Com pressuposto teórico de os *segmentos primários*[4] serem os que "[...] mais se aproximam dos padrões típicos da sociedade do conhecimento [...]" (idem) e, analogicamente, os *segmentos secundários* os menos típicos dela ou seja, eles são os "[...] mais críticos, a merecer particular atenção."[5] (Idem) Como indicadores para caracterizar os segmentos as autoras escolheram o nível de habilitações, a profissão, o setor de atividade, a idade e o sexo.

O que surge disso é a Figura 1,[6] cuja distribuição dos indicadores nela deixa interpretar quais os segmentos que estão responsáveis de uma estratificação potencial da população empregada portuguesa, e também quanto o peso respetivo dos indicadores de teste na contribuição para a definição desses segmentos. Numa primeira descrição geral vê-se que esta figura tem forma quase parbólica, com hierarquia dos níveis mais baixos à esquerda em cima, passando pelo vértice abrigando os níveis intermediários até aos habilitações superiores, à direita, outra vez em cima. Outra observação que já pode ser feita, segundo Rodrigues, Oliveira e Carvalho, é que os dois indicadores da idade e do sexo não têm uma grande relevância na constituição dos segmentos, estando muito pertas as categorías do sexo assim como a maior parte das escalões etários. Outrossim elas constatam que seja visível na primeira dimensão da figura "[...] uma espécie de *dualização na população empregada*, segundo o critério da qualificação, seja ele traduzido em níveis de

---

[3] A análise, no total, foi feita com base nos censos de 1991 e 2001 do INE. Mais especificamente, quanto às atividades económicas do setor da indústria, usou-se a Classificação da Indústria Transformadora por Intensidade Tecnológica usada pela OCDE e pelo Eurostat. A coleção da OCDE *Science, Technology and Industry Scoreboard* de 2001 e 2003 serviu-lhes afim de classificar os serviços pela intensidade de conhecimento.
[4] Este termo e outros termos e/ou definições são explicados num glossário no quinto capítulo deste trabalho.
[5] Termos inspirados segundo Piore e Sabel (1984), "The second Industrial Divide, Possibilities for Prosperity", Nova Iorque, Basic Books
[6] Figuras e quadros estão no anexo.

habilitação, nas profissões ou mesmo nos sectores de actividade." (2007: 111) Na zona negativa dela, tem basicamente todas as pessoas menos escolarisadas, junto com os setores de atividade teconologicamente menos intensivos e as profissões menos qualificadas. A zona positiva, ao contrário, arrancha os trabalhadores de nível mais elevado, bem como as profissões mais qualificadas e os setores mais intensivos em conhecimento. A segunda dimensão consiste numa parte praticamente da primeira (na parte positiva; sendo os dois extremos dela), na outra parte encontram-se os chamados *segmentos intermédios*. Além disso, é agora possível caracterizar seis grupos se destacando, considerados "[...] como *segmentos da popluação empregada*." (Idem)

O *segmento A* contém[7] os níveis de escolarização muito baixa (até analfabetos), trabalhadores não qualificados e também os mais idosos mas passa até ao setor primário[8]. É assim estratificado dentro de si, incluindo ao mesmo tempo pessoal do setor com profissoes qualificadas. No *segmento B* estão por exemplo os quadros superiores da administração pública. O *segmento C* engloba jovens de níveis de escolarização de 2.º e 3.º ciclo, assim como várias profissões (trabalhadores de montagem, artífices, serviços e vendedores e basicamente todos os setores da indústria, assim como serviços associados à distribuição de eletricidade, gás, água etc.). O *segmento D* associa, entre outros, técnicos e outras profissões de nível intermédio ou as forças armadas até ao ensino secundário, setores de atividade de alta intensidade tecnológica, intensivos em conhecimento-alta tecnologia e –finanças. Desse modo tange às indústrias que precisam de mão-de-obra qualificada, como a farmacêutica, fabricação de telecomunicações etc. Além disso, serviços ligados a atividades de intermediação financeira, seguros e afins. No *segmento E* há as habilitações de nível médio, concentrados nos serviços intensivos em conhecimento-mercado (transportes e outros serviços às empresas, incluindo atividades jurídicas, contabilidade, auditoria, consultoria etc.), ao mesmo tempo como outros pouco intensivos em conhecimento (adminitração pública, atividades associativas várias etc.). Finalmente, no *segmento F*, encontram-se os níveis de habilitação superior ligados às profissões inteletuais e científicas, bem como outros serviços intensivos em conhecimento, portanto as atividades de ensino e de culura por extensão.

---

[7] Como na obra recensada não estão, as seis letras de A a F foram inseridos pelo autor na figura 1. Devido à legibilidade, podem encontrar-se ligeiramente translados.
[8] A não confundir com o segmento primário.

9

Depois de então ter descrito mais detalhadamente o que a figura mostra, as autoras tiram umas primeiras conclusões disso:

Há uma segmentação estratificada segundo o nível de habilitações académicas, a profissão e o setor de atividade; esta "pirâmide" (2007: 113) é esratificada hierarquicamente como na base os idosos com pouca qualificação, seguidos pelos jovens nas mesmas circunstâncias (devido ao insucesso escolar no ensino básico, segundo as autoras); esses jovens todavia têm o seu lugar no mercado de trabalho português, mas somente enquanto mão-de-obra mal qualificada; os setores mais intensivos em conhecimento estão ligados a profissões de nível intermédio e a graus de escolarização médios. Os licenciados e pós-graduados acumulam-se no ensino e na cultura, mas, na expectativa das autoras deveriam estar mais difundidos no tecido produtivo, quanto às exigências teóricas da *sociedade do conhecimento*.

É exatamente por isso que na seção *Diplomados do ensino superior e sociedade do conhecimento* pegam só nesses últimos.

3.3. Diplomados do ensino superior e sociedade do conhecimento

"A repartição percentual dos diplomados do ensino superior por grau, em 2001, revela que 93,4% são graduados, 6,6% são pós-graduados e apenas 2% têm o doutoramento [...] Em termos de evolução, verifica-se que o número de graduados mais do que dublicou em ambas as categorias." (2007: 114)

Depois de terem estabelecido a situação atual acima, formulam as perguntas centrais da análise de homogeneidade a seguir: Quais os setores de atividade que mais absorvem? Que áreas disciplinares? A que profissões acedem? Qual caracterização profissional deste segmento de formados?

Os indicadores nesta procura de *clusters* são de novo a profissão, o setor de atividade e a área disciplinar respetiva. A figura 2 é o resultado dela e é outra vez possível constatar alguns factos gerais antes de pegar nos chamados *clusters* de forma mais detalhada: a dimensão 1 "[...] separa os sectores de actividade ligados à saúde, ensino e actividades culturais, as profissões e áreas disciplinares congéneres, incluindo as ciências exactas e naturais, opondo-os a todos os outros sectores, profissões e áreas disciplinares de formação." (Idem) Ainda nisso, é importante dizer que, exceto a área da saúde na parte negativa, a leitura é muito difícil por causa da

10

proximidade relativa dos setores. As autoras constatam duas razões para isso: "Por um lado, a maioria das profissões [...] distribui-se por diferentes sectores de actividade, nalguns casos com pesos relativos muito semelhantes. Por outro lado, também não há uma correspondência linear entre áreas de formação e sectores de actividade." (Idem) A dimensão 2 coloca as áreas associadas à cultura, às ciências sociais, ao direito e ao comércio e administração, de um lado, e, do outro, as ciências e tecnologias. Seguindo novamente uma forma mais ou menos parabólica, descrevem os *clusters* 1 a 8 (designados por *C* a partir de agora) assim:

C1 abrige a saúde e todos as profissões, áreas universitárias e atividades ligadas a ela. Tem um peso de 11,5% do total. C4 e C6 contêm o ensino em sentido lato. C4, com peso de 7,2%, abriga mais as profissões inteletuais do ensino, então docentes do ensino básico, secundário e superior, das ciências exatas e naturais. Porém, C6 com 24,1% junta a essas os quadros médios, por exemplo educadores de infância. Interessantemente, C4 integra as áreas da ciência e tecnologia e C6 as mais ligadas às artes e letras. Ambos contêm outros serviços intensivos em conhecimento. C8 (9,4%) é melhor caracterizado pelos técnicos médios e pelas forças armadas e com o atributo pluridisciplinar. Também as ciências sociais, o comércio e ainda a administração têm pesos significantes assim como outros serviços intensivos e pouco intensivos em conhecimento. C5 (17%) é marcado pela administração pública e pelos serviços. Abriga também os outros inteletuais; das áreas disciplinares encontra-se sobretudo o direito e as ciências sociais, dos setores os serviços intensivos em conhecimento de finanças e mercado, e outros serviços pouco intensivos em conhecimento. C7 (13,6%), quanto aos setores, é o da baixa intensidade tecnológica (grosso modo as indústrias de baixo valor acrescentado), os serviços pouco intensivos em conhecimento do mercado. As profissões predominantes são os quadros superiores da administração pública e dos dirigentes e quadros superiores de empresas, entre outras. C2 e C3 têm em comum que são as agglomerações das indústrias e serviços de maior valor acrescentado. Nisso, C3 (3,2%) tem o papel, em termos de áreas, dos inteletuais das ciências, assim como os quadros médios das ciências em diversas áreas disciplinares associadas às ciências e tecnologias, com destaque para a agricultura, silvicultura e pescas. Em termos de setores são sobretudo os que se incluem no grupo de alta intensidade tecnológica. Enfim, C2 (14,1%) é o das áreas disciplinares de engenharia e arquitectura e inclue ainda a agricultura, silvicultura e pescas. Setores principais são os da média-alta, média-baixa e os intensivos da (alta) tecnologia.[9]

Diretamente a partir desses *clusters* as autoras destacam que muitas áreas são transversais a vários setores; que há um grande impacte de profissionais qualificados, sobretudo nos setores públicos da saúde e do ensino (42,8% no total); e que as indústrias e serviços intensivos em conhecimento-alta tecnologia pesam apenas 3,2% (o total da indústira somente 17,3%).

Portanto é visível que as indústrias só absorvem uma percentagem reduzida dos profissionais altamente qualificados, sendo preciso, conforme a elas, uma "[...] expansão e requalificação destes sectores através de uma maior abertura a esses profissionais." (2007: 119)

Numa conclusão geral no final, as autoras referem mais uma vez sobre a estratificação do *espaço profissional* segundo a qualificação (seja no nível de habilitação, profissões ou setores de atitivade) e que o topo desta hierarquia é constituido pelos segmentos mais próximos do *perfil ideal-tipo da sociedade do conhecimento*. Os formados superiores distribuem-se por todos os setores de atitivade, com peso em favor do setor público (particularmente no ensino e na saúde).

Como, na vista das três investigadoras, a indústira deveria ser "[...] o segmento mais propenso à produção de inovações [...]" (idem), o aumento competitivo tem que ser feito através de uma abertura dessa mesma a profissionais mais qualificados.

Realmente não há correspondência estatística entre as áreas, as profissões e os setores de atividade, e assim a não existência de linearidade entre formação, setores e profissões, hipótese formulada por elas na primeira olhada para os *clusters*, foi verificada.

---

[9] Uma síntese tabelada encontra-se nos anexos, no quadro 1.

4. Conclusão e apreciação crítica

Para dar um resumo não sobre o que foi falado, mas sobre *como* aquilo foi dito, é em primeiro lugar constatar que na obra de Maria de Lurdes Rodrigues, Luísa Oliveira e Helena Carvalho geralmente foi estabelecido um bom equilíbrio entre enquadramento teórico afim de levar para lá onde querem chegar, a descrição da distribuição da população empregada portuguesa – e nesta mesma com foco especial nos formados academicamente – numa prática estatística.

Usou-se, sobretudo na parte teórica, referência a muitas obras respetivamente muitos autores para fundamentar as explicações e hipóteses delas. Na parte estatística foi preciso, para que seja possível esclarecer esse assunto muito especial, levar a cabo uma chamada análise de *clusters*, isso por causa da absência de dados sobre a população, portanto fizeram-na de forma correta quanto ao acordo comum:

"Amostras de *clusters* são úteis quando uma lista de *clusters* está disponível mas uma lista da população não está. [...] Amostragens de *clusters* também são útil quando a recolha de dados compreende visitas a sítios ou a obtenção de registos lógicos de escritórios regionais ou locais." (Henry, 1990: 106sq.)

Todavia, algumas dificuldades surgiram – sobretudo considerando que o autor desta recensão crítica não é um falante nativo lusófono – por causa dos *termini tecnici* escolhidos pelas três investigadoras lisboetas que, por vezes, levaram a confusões. Não em último lugar por isso foi inserido um pequeno glossário pelo autor que consiste nos termos respetivamente nas definições mais relevantes durante a análise do espaço profissional. Outrossim às vezes introduziram novamente indicadores respetivamente variáveis, que num lugar anterior já deixaram cair por causa de uma irrelevância descrita, como é o caso nos factores da idade e do sexo.

Porque explica também a inspiração da obra é útil saber que a colectânea que contém o artigo abordado foi desenvolvida e publicada sob o patrocínio do Programa Operacional *Ciência, Tecnologia, Inovação* do Quadro Comunitário de Apoio III da União Europeia junto com a *Fundação para a Ciência e a Tecnologia* do Ministério da Ciência e do Ensino Superior de Portugal.

5. Glossário

- Segmentos primários:

  segmentos mais qualificados

- Segmentos secundários:

  segmentos menos qualificados

- Segmentos intermédios:

  trabalhadores mais jovens (até aos 39 anos), 2.º e 3.º ciclos de escolaridade; trabalhadores com o ensino secundário; profissões operárias; forças armadas; administrativos; técnicos de nível intermédios

- Outros serviços intensivos em conhecimento:

  ensino; saúde humana e atividades veterinárias; atividades ligadas aos média e à cultura em sentido restrito; atividades culturais (cinema, rádio, televisão e outras atividades artísticas; agências de notícias; bibliotecas; arquivos; museus)

- Profissões da saúde:

  médicos, enfermeiros, quadros médios (profissionais técnicos, parteiras, especialistas da medicina tradicional, etc.)

- Outros serviços pouco intensivos em conhecimento:

  administração pública; defesa; justiça; segurança; proteção civil; etc.; atividades associadas a organizações económicas, patronais, sindicais; outras associações

- Outros-inteletuais:

  especialistas de profissões administrativas e comerciais; arquivistas e afins; técnicos da administração pública; etc.

- Setores de alta intensidade tecnológica:

  fabricação industiral (farmacêutica, eletrónica, equipamento telecomunicativo, instrumentos e aparelhos de medida, material óptico, fotográfico, cinematográfico, aeronaves, veículos espaciais, etc.)

- Serviços intensivos em conhecimento-alta tecnologia:

  correios e serviços de telecomunicação; conslutorias em informática e afins; manutenção de máquinas de escritório e informáticas etc.; investigação em ciências exatas, humanas e sociais

14

6. Bibliografia

- Rodrigues, Maria de Lurdes et al. (2007), "Profissionais qualificados e sociedade do conhecimento", em Costa, António Firmino da et al. (org.), *Sociedade e Conhecimento (Portugal no Contexto Europeu, vol. II)*, Oeiras, Celta, p. 103 – 123
- Henry, Gary T. (1990), "Practical Sampling", Newbury Park entre outros, SAGE Publications

7. Anexo

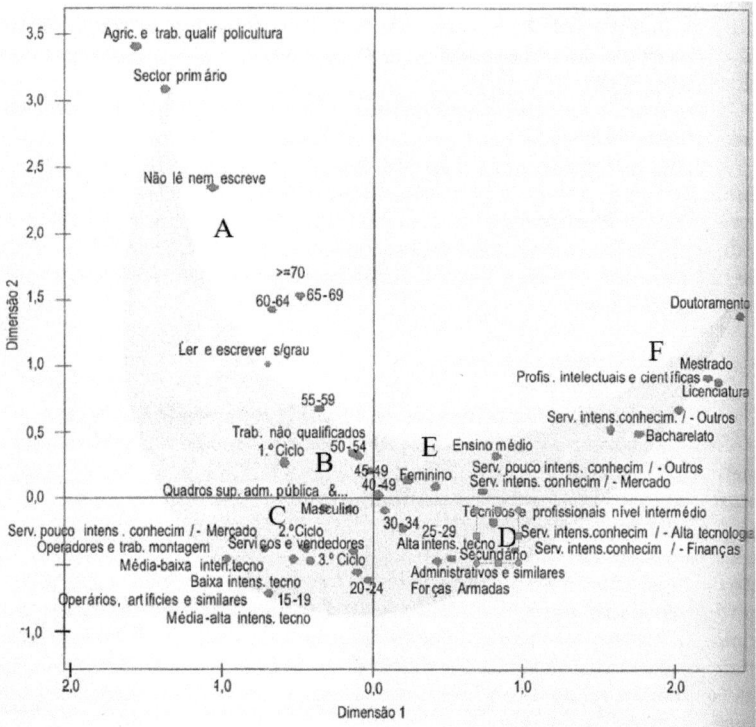

Figura 1   Segmentação da população empregada em Portugal (letras inseridas pelo autor)

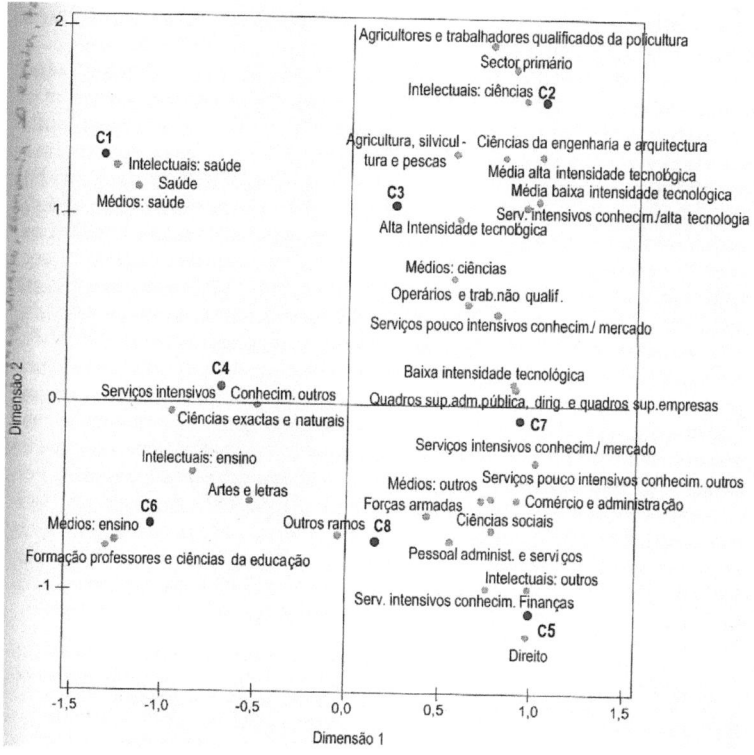

Figura 2   Espaço profissional dos licenciados e dos pós-graduados

Segmentação no emprego	Traços dominantes dos segmentos	Outros traços
Segmento da saúde (cluster 1, com 11,5%)	– Profissões da saúde – Áreas disciplinares da saúde – Outros serviços intensivos em conhecimento	Mulheres Bacharelato Licenciatura
Segmento do ensino I (cluster 4, com 7,2 %)	– Docentes ensino básico (2.º e 3.º ciclos), secundário e superior – Ciências exactas e naturais – Outros serviços intensivos em conhecimento	Mulheres Licenciatura Mestrado Doutoramento
Segmento do ensino II (cluster 6 com 24,1%)	– Docentes ensino básico (1ºciclo), educadores de infância, etc. – Artes e letras, ciências da educação, formação de professores, etc. – Outros serviços intensivos em conhecimento	Mulheres Bacharelato Licenciatura
Segmento das forças armadas e técnicos médios da administração pública (cluster 8, com 9,4%)	– Profissionais das Forças Armadas e outros técnicos-médios – Ciências sociais, comércio e administração, outros ramos – Outros serviços intensivos em conhecimento; outros serviços pouco intensivos em conhecimento	Mulheres Licenciatura
Segmento da administração pública e dos serviços (cluster 5, com 17%)	– Outros intelectuais, pessoal administrativo e serviços – Direito, ciências sociais, comércio e administração – Serviços intensivos em conhecimento (finanças); outros serviços pouco intensivos em conhecimento; serviços intensivos em conhecimento (mercado)	% Mulheres ligeira/ > % Homens Licenciatura
Segmento dos quadros superiores da administração pública, dos dirigentes e quadros superiores de empresas (cluster 7, com 13,6%)	– Quadros superiores da administração pública, dirigentes e quadros superiores de empresas – Comércio e administração, ciências sociais, etc. – Sectores de baixa intensidade tecnológica; serviços pouco intensivos em conhecimento (mercado)	Homens ≈ Mulheres Bacharelato Licenciatura
Segmento das indústrias e serviços de maior valor acrescentado (cluster 3, com 3,2%)	– Profissionais intelectuais das ciências, quadros médios das ciências – Ciências e tecnologias – Alta intensidade tecnológica; serviços intensivos em conhecimento (alta tecnologia)	Homens ≈ Mulheres Bacharelato Licenciatura
Segmento do sector primário, outras indústrias e serviços (cluster 2, com 14,1%)	– Profissionais intelectuais das ciências, agricultores e trabalhadores qualificados da policultura – Engenharias, arquitectura, agricultura, silvicultura, etc. – Sector primário; sector de média-alta intensidade tecnológica; sector de média-baixa intensidade tecnológica; serviços intensivos em conhecimento (alta tecnologia)	Homens Bacharelato Licenciatura

[1] Não obstante a categoria licenciatura aparecer (por razões óbvias) como a de maior peso em todos os clusters, optámos por a colocar enquanto elemento caracterizador mas não diferenciador. Serão os outros níveis de habilitações — bacharelato, mestrado e doutoramento — que farão então a diferença.

Quadro 1   Síntese de caracterização do espaço profissional dos licenciados e pós-graduados